El Hombre y la Naturaleza

Sri Mata Amritanandamayi

Mata Amritanandamayi Center, San Ramon
California, Estados Unidos

El Hombre y la Naturaleza
Traducido del Malayalam por : Swami Amritaswaroopananda

Publicado por:
Mata Amritanandamayi Center
P.O. Box 613, San Ramon, CA 94583
Estados Unidos

———————— *Man and Nature (Spanish)* ————————

Copyright © 1996 Mata Amritanandamayi Mission Trust, Amritapuri, Kollam 690 546, Kerala, India

Todos los derechos reservados. No se permite la reproducción total o parcial de este libro, ni su incorporación a un sistema informático, ni su transmisión, reproducción, transcripción o traducción a ninguna lengua, en ningún formato y por ninguna editorial.

Dirección en España:
   www.amma-spain.org
   fundacion@amma-spain.org

En la India:
   www.amritapuri.org
   inform@amritapuri.org

Prefacio

La vida nos enseña que la experiencia es el mejor método de educación. Los verdaderos educadores son aquellos que despiertan el conocimiento que ya existe dentro de nosotros mismos, y nos recuerdan que conocer algo y no ponerlo en práctica es lo mismo que no conocer. La forma inimitable con que Amma transforma nuestro conocimiento teórico en acción práctica, proviene de su amable recordatorio de que: "La religión es algo que tiene que ser vivido".

La religión es un esfuerzo por eliminar las falsas percepciones del ego y hacer desaparecer de nuestras vidas el sentido de la dualidad, la cual crea una separación artificial entre el ego y el resto del mundo. Ese sentido del ego es el que nos impide sentir compasión hacia el resto de los seres humanos, porque cometemos el error de creer que nosotros somos distintos, y eso mismo nos lleva también a la destrucción del ambiente ya que no nos damos cuenta que nosotros formamos parte del mismo. La mayor parte de la gente actúa todavía como si el ambiente fuese algún lugar remoto en los bosques o las montañas, más que el lugar en donde vivimos o lo que nosotros mismos somos y hacemos.

Amma dice: "Negar la existencia de Dios viene a ser lo mismo que negar la propia existencia". Lo mismo sucede con la Naturaleza, que es la forma visible de Dios. Mucha gente cree que la misión del hombre es conquistar la Naturaleza. Pero al obrar de este modo, nos hemos convertido en nuestros peores enemigos. Nosotros formamos parte de la Naturaleza, y su capacidad para seguir protegiéndonos y alimentándonos depende de nuestra capacidad por restablecer el equilibrio en nuestra relación con la Tierra y todas sus criaturas".

Las palabras de Amma son una llamada para que descubramos la generosidad silenciosa que está adormecida en cada uno de nosotros. La Naturaleza también está llamando, y últimamente su sollozo se ha hecho más estridente, desde que el hombre está destruyendo, cada vez más y más, la capacidad de renovación del Planeta. Formar parte de la Naturaleza significa que nosotros mismos somos el ambiente. Debemos empezar a darnos cuenta que las necesidades de la Tierra son exactamente nuestras propias necesidades.

No hay nada que añadir a las palabras de Amma sobre la Naturaleza y nuestro papel en este planeta. Y no deben sorprendernos dada la unión indivisible entre Dios y la Naturaleza, que son en realidad una sola y misma cosa. Negar la Naturaleza rebaja nuestro propio espíritu y nuestra libertad. La quietud que buscamos en nosotros es la misma quietud que todavía reina en los bosques, los océanos y la cima de las montañas. Y del mismo modo que tenemos que esforzarnos para calmar nuestra agitación interna y encontrar así la paz, también tenemos que actuar con determinación para reparar los daños que hemos causado a la Naturaleza. Servir a la Tierra y a sus criaturas es servir a Dios al mismo nivel que cualquier otra forma de servicio. Renovemos pues nuestra fe en el servicio a la Naturaleza.

—Sam La Budde
Director del Proyecto "Especies en Peligro"
Earth Island Institute
San Francisco, CA

Sumario de las Preguntas

¿Cuál es la relación entre el hombre y la Naturaleza? 9

¿Qué papel juega la religión en la relación entre el hombre y la Naturaleza? 11

¿Cuál es la causa de la ruptura en la relación entre la Naturaleza y los seres humanos? 19

¿Qué relación hay entre las prácticas espirituales y la protección de la Naturaleza? 28

¿Cuán de serio es el problema ambiental? 32

¿Se han convertido los seres humanos en una amenaza a la existencia misma de vida sobre la Tierra? 38

¿Es necesario dar más importancia a las necesidades humanas que a las de la Naturaleza? 42

¿Cuales son los pasos que debe dar la sociedad para prevenir la destrucción de la Naturaleza y de los animales? 44

¿Son los bosques una parte indispensable de la tierra? 46

¿Es recomendable acercarse a los maestros espirituales sin intentar resolver primero los problemas actuales por nosotros mismos? 47

¿Cómo se pueden justificar los sacrificios de animales en nombre de la religión? 50

¿No es preferible la ciencia moderna, que aporta luz sobre los fenómenos naturales, a una religión que provoca en el hombre el temor a Dios? 53

Amma, ¿qué son los yagñas (sacrificios)? ¿Cuál es su papel en el mundo actual? 59

¿Porqué la India continúa siendo un país pobre, a pesar de su preeminencia espiritual? ¿Es la espiritualidad un obstáculo para el bienestar material? 68

El Hombre y la Naturaleza

El texto que sigue contiene las respuestas de la Santa Madre Mata Amritanandamayi a las preguntas sobre temas ecológicos formuladas por el Sr. Sam La Budde, especialista en medio ambiente en los Estados Unidos.

¿Cuál es la relación entre el hombre y la Naturaleza?

Amma: Hijos míos, el ser humano no es diferente de la Naturaleza. Es parte de ella. La existencia misma de los seres humanos sobre la tierra depende de la Naturaleza. De hecho, no somos nosotros los que protegemos a la Naturaleza, es la Naturaleza la que nos protege. Los árboles y las plantas, por ejemplo, son indispensables para la purificación de la energía vital (la fuerza de la vida). Todos sabemos que es imposible para el hombre vivir en el desierto, la razón es que allí no hay árboles para purificar la energía vital. Si la purificación del aire no se lleva a cabo, la salud del hombre se deteriora. Esto produce una disminución de la duración media de la vida, la aparición de enfermedades diversas, el debilitamiento de la vista e incluso la ceguera. Nuestra existencia está irremisiblemente dependiente a la Naturaleza; incluso un pequeño cambio en la Naturaleza repercute en nuestra vida sobre el planeta. De modo similar nuestros pensamientos y nuestras acciones tienen un efecto sobre la Naturaleza. Si el equilibrio de la Naturaleza se rompe la armonía de la vida humana también se quebrará, y viceversa.

El factor que liga a los hombres con la Naturaleza es su inocencia innata. Cuando vemos un arco iris o las olas del mar, ¿sentimos todavía la alegría inocente de un niño? Un adulto que interpreta el arco iris sólo en términos de ondas luminosas, no conocerá la alegría y el asombro del niño que contempla el arco iris o las olas del mar.

La fe en Dios es el mejor medio de conservar esa inocencia infantil en el hombre. Aquél que tiene fe y devoción, las cuales a su vez brotan de su inocencia innata, puede ver a Dios en todas las cosas, en cada árbol, en cada animal, en cada aspecto de la Naturaleza. Esta actitud le permite vivir en perfecta armonía con la Naturaleza. La corriente de amor que fluye sin cesar desde un verdadero creyente hacia la Creación entera tiene un dulce y suave efecto sobre la Naturaleza. Este amor es la mejor protección de la Naturaleza.

Cuando el egocentrismo aumenta entonces comenzamos a perder nuestra inocencia. Cuando esto sucede el hombre se convierte en un extraño para la Naturaleza y comienza a explotarla. El hombre no se da cuenta que se ha convertido en una terrible amenaza para la Naturaleza. Pero al dañarla prepara el camino para su propia destrucción.

Al mismo tiempo que desarrolla su inteligencia y su conocimiento científico, el hombre no debería olvidar los sentimientos de su corazón, los cuales le permitirían vivir de acuerdo con la Naturaleza y sus leyes fundamentales.

¿Qué papel juega la religión en la relación entre el hombre y la Naturaleza?

Amma: La religión ayuda al hombre a mantener la conciencia que él no es distinto de la Naturaleza. Sin la religión, la humanidad pierde esta conciencia. La religión nos enseña a amar a la Naturaleza. En realidad el progreso y la prosperidad del género humano dependen enteramente del bien que el hombre hace a la Naturaleza. La religión ayuda a mantener una relación armoniosa entre los individuos y la sociedad, y entre el hombre y la Naturaleza.

La relación entre el hombre y la Naturaleza es similar a la relación entre *Pindanda* (el microcosmos) y *Brahmanda* (el macrocosmos). Nuestros antepasados lo comprendieron así. Por eso concedían tanta importancia al culto a la Naturaleza en sus prácticas religiosas. La idea subyacente y la finalidad de todos los *âcharam* (prácticas religiosas) consistía en asociar íntimamente a los seres humanos con la Naturaleza. Estableciendo una relación de amor entre el hombre y la Naturaleza, aseguraban a la vez el equilibrio de la Naturaleza y el progreso de la humanidad.

Mirad a un árbol. Él da sombra incluso a aquél que lo abate. Ofrece sus dulces y deliciosos frutos a la persona que le hace daño. Pero nuestra actitud es totalmente diferente. Cuando plantamos un árbol o criamos un animal, nuestro único pensamiento es el provecho que de él podemos obtener. Si el animal deja de ser rentable, lo suprimimos inmediatamente. En cuanto la vaca deja de darnos leche, la vendemos al carnicero para conseguir algún dinero. Si un árbol no produce frutos, lo cortamos para fabricar muebles o cualquier otra cosa. El egoísmo reina como dueño y señor. El amor desinteresado no se encuentra por ninguna parte. Pero nuestros antepasados no eran así. Ellos sabían que los árboles, las plantas y los animales eran indispensables para el bienestar de los hombres. Ellos habían previsto que el hombre, en sus períodos de egoísmo, olvidaría a la Naturaleza y dejaría de sentirse interesado por ella. Sabían también que las generaciones futuras sufrirían a causa de esa disociación entre el hombre y la Naturaleza. Por eso relacionaron cada rito religioso con la Naturaleza. Así pues, gracias a los principios religiosos consiguieron desarrollar un vínculo emocional entre el hombre y la Naturaleza. Los Antiguos amaban y veneraban los árboles y las plantas, como el baniano, el bilva, el túlasi, no por que los árboles les daban unos frutos de los que se beneficiaban, sino porque sabían que ellos mismos eran, en verdad, uno con la Naturaleza.

La religión nos enseña a amar a la toda la Creación. Algunos la ridiculizan diciendo que se trata de simples creencias ciegas. Sin embargo, las acciones de esas personas suelen perjudicar a la Naturaleza mucho más que las de aquellos que creen en Dios. Son las personas que tienen un espíritu religioso, y no los llamados intelectuales, los que protegen, preservan y aman la Naturaleza. Hay algunos que, refiriéndose a las teorías científicas modernas, intentan probar sistemáticamente que todo lo que dice la religión es falso. Sin embargo, el respeto y la devoción, que los seres humanos desarrollan gracias a su fe religiosa, ha sido siempre muy beneficioso tanto para la humanidad como para la Naturaleza.

La religión nos enseña a adorar a Dios en la Naturaleza. A través de las historias de la vida de Srî Krishna, el túlasi (variedad de albahaca) y las vacas se convirtieron en algo muy querido para los habitantes de la India, que las protegen con amor y las cuidan de todo corazón. En otro tiempo, un embalse y un bosquecillo de árboles bordeaba cada hogar en la India. Había una planta de túlasi en cada patio frente a la casa. La hojas de túlasi tienen grandes virtudes medicinales. Sus hojas son perennes, e incluso después de cortarlas se pueden guardar durante varios días conservando todas sus propiedades. Regar el túlasi cada mañana, saludarlo con amor y adorarlo como a una encarnación de la divinidad formaba parte de las rutina diaria. Era la forma tradicional de venerar y rendir homenaje que los hindúes practicaban también con árboles como el baniano, el bilva y la higuera. El valor medicinal de las hojas de túlasi, conocidas por los antiguos *rishis* (sabios) desde siglos atrás, ha sido demostrado ahora con experimentos científicos modernos. Pero la cuestión es saber si los científicos, que han redescubierto las propiedades medicinales del túlasi y de otras plantas sagradas, muestran el mismo amor y el mismo respeto por la Naturaleza que nuestros antepasados, los cuales obraban inspirados por su fe religiosa. ¿No es cierto que la fe religiosa ayuda a proteger y preservar la Naturaleza mucho más que el conocimiento obtenido a través de la ciencia moderna?

Más que los conocimientos que aporta la ciencia moderna, es la profunda comprensión de la religión y la conciencia de la unidad de toda la creación, lo que enseña a los hombres a amar a la Naturaleza y a desarrollar el respeto y la devoción por todas las cosa. El amor que enseña la religión no es la clase de amor que un intelecto burdo puede comprender. Es el amor del corazón. Y este no puede ser experimentado más que por una persona dotada de un intelecto sutil que es fruto de la fe.

Si hay un policía en el pueblo habrá pocos robos, pues la gente le teme. De forma semejante, el respeto y la devoción a Dios ayuda a mantener el *dharma* (conducta correcta) en la sociedad. Imbuidos de los principios de la religión y observando las conductas prescritas, la gente puede evitar el cometer errores.

Los que declaran que la religión no es más que un conjunto de creencias ciegas, no dedican ni un solo instante a tratar de comprender los principios científicos que subyacen a las prácticas religiosas. La ciencia moderna puede provocar la lluvia rociando las nubes con yoduro de plata. Sin embargo, el agua de esa lluvia, provocada por un método tan poco natural, puede que no sea totalmente pura. Las Escrituras por su parte prescriben ciertos sacrificios rituales que atraerán la lluvia. Los sabios saben que el agua obtenida por estos medios es mucho mejor que la que se obtiene por métodos tan artificiales como el sembrar las nubes.

De forma similar se puede obtener un cambio muy beneficioso tanto para la Naturaleza como para los seres humanos, ofreciendo los ingredientes prescritos sobre el fuego del sacrificio. Los sacrificios y los rituales ayudan a restaurar la armonía y el equilibrio perdidos de la Naturaleza. Igual que las hierbas y plantas ayurvédicas curan las enfermedades físicas, el humo que emana del fuego sagrado, en el que son ofrecidos los ingredientes medicinales, purifica la atmósfera. Quemar incienso, encender lámparas de aceite, ofrecer alimentos puros en el fuego del sacrificio o a Dios, ayuda también a limpiar la atmósfera. Los efectos secundarios de tales rituales no crean tanta polución como el cloro y otros desinfectantes que son utilizados para purificar el agua y matar los microbios. El humo que se desprende del fuego sacrificial limpia además el sistema respiratorio, desembarazando las vías respiratorias de flemas y mucosidad.

La ciencia moderna explica que es peligroso mirar directamente al sol durante un eclipse solar. El mismo consejo daban los antiguos *rishis* hace muchísimo tiempo. Utilizando un método primitivo pero eficaz, miraban la imagen del sol reflejada en el agua en la cual había sido disuelto excremento de vaca.

Protegiendo y preservando a los animales salvajes y domésticos, así como a los árboles y las plantas, protegemos y preservamos la Naturaleza. Los antiguos adoraban a la vaca y a la tierra, contándolas entre las cinco madres *(pancha mâtâ)*. Las cinco madres eran: *dehamâtâ*, la madre biológica; *desamâtâ*, la patria; *bhumâtâ*, la madre Tierra; *veda mâtâ*, los Vedas; y *go mâtâ*, la vaca. Para nuestros antepasados, la vaca no era solamente una criatura de cuatro patas, sino un animal sagrado venerado como una de las formas maternales de la Madre (aspecto femenino de la Divinidad).

Ninguna religión puede existir disociada de la Naturaleza. La religión es el lazo que une la humanidad con la Naturaleza. La religión elimina el egoísmo en el hombre haciéndole capaz de conocer y experimentar su unidad con la Naturaleza.

¿Cuál es la causa de la ruptura en la relación entre la Naturaleza y los seres humanos?

Amma: Hoy en día el hombre, a causa de su egoísmo, ve a la Naturaleza como algo separado de si mismo. Si una persona se hace una herida en una mano, es la conciencia de que las dos manos son "mías" lo que empuja a la una a ayudar a la otra. Pero no sentimos la misma preocupación cuando el herido es otro, ¿no es cierto? Ello se debe a la actitud de que: "esto no es mío". El muro de separación entre los hombres y la Naturaleza se crea principalmente por el comportamiento egocéntrico del hombre. Los hombres piensan que la Naturaleza sólo existe para que ellos puedan utilizarla y explotarla con el fin de satisfacer sus deseos egoístas. Esta actitud crea un muro, una separación.

Es una verdad lamentable que el hombre moderno ha perdido su amplitud de espíritu a causa del enorme desarrollo de la ciencia. El hombre ha descubierto métodos para producir cien tomates a partir de una planta que habitualmente no lleva más de diez. Ha conseguido también doblar el tamaño de los frutos. Aunque es cierto que el aumento de la producción reduce en cierta medida la pobreza y el hambre, el hombre no es verdaderamente consciente de los efectos nocivos de los abonos y los pesticidas artificiales, los cuales penetran en su cuerpo a través de los alimentos. Estos productos químicos destruyen las células del cuerpo y hacen de él una presa fácil para las enfermedades. El número de hospitales se ha tenido que aumentar al mismo tiempo que los científicos fuerzan artificialmente a las plantas para que den frutos y semillas en cantidades muy por encima de sus límites naturales. La ciencia ha conseguido cimas ininaginables, pero el hombre a causa de su egoísmo ha perdido la facultad de ver claramente la verdad de las cosas y de obrar con discernimiento.

El deseo egoísta de conseguir más es lo que lleva al hombre a utilizar abonos químicos y pesticidas artificiales. Su avaricia hace que ya no se preocupe por el amor a las plantas. Un globo puede hincharse sólo hasta cierto punto, a partir del cual explotará. Igualmente, una semilla tiene un límite en su capacidad de rendimiento. Si no lo tenemos en cuenta y seguimos intentando aumentar su rendimiento por medios artificiales, la fuerza y la calidad de la semilla se verán gravemente afectadas. Esto será también perjudicial para aquellos que las comen. Antiguamente el agua y el abono natural eran suficientes para el cultivo. Hoy la situación es diferente; los pesticidas y los fertilizantes se han convertido en una parte integrante de la agricultura. Y hemos llegado a un punto en que los sistemas inmunitarios de las plantas y semillas se han debilitado hasta perder su capacidad para combatir las enfermedades. Con métodos naturales es posible reforzar su poder de resistencia a las enfermedades. La religión nos enseña a amar a todas las cosas con humildad y reverencia. Los inventos científicos han conseguido aumentar la producción de un modo considerable, pero al mismo tiempo ha disminuido la calidad de todas las cosas.

Poner a un pájaro o a un animal dentro de una jaula es lo mismo que poner a un ser humano tras las rejas. La libertad es un derecho de nacimiento de cualquier ser vivo. ¿Quién somos nosotros para suprimir esa libertad? Inyectando hormonas a las gallinas intentamos que los huevos sean mayores. Las hacemos poner dos huevos al día encerrándolas en recintos oscuros, que son abiertos periódicamente, para darles la falsa impresión de que ya ha pasado un nuevo día. Pero al obrar así acortamos a la mitad la duración de la vida de las gallinas y los huevos pierden su calidad. El afán por el dinero y el beneficio ha cegado al hombre y ha destruido su bondad y su virtud. Eso no significa que no debamos procurar el aumento de la producción, no se trata de eso. La cuestión es que hay un límite para las cosas, y el ir más allá equivale a destruir la Naturaleza.

Es ya tiempo de reflexionar seriamente sobre la protección de la Naturaleza. Destruir la Naturaleza es lo mismo que destruir la humanidad. Los árboles, los animales, los pájaros, las plantas, los bosques, las montañas, los lagos y los ríos—todo lo que existe en la Naturaleza—necesita desesperadamente del cariño, cuidado compasivo y de la protección del hombre. Si nosotros los protegemos, ellos a su vez nos protegerán.

El legendario dinosaurio y otras numerosas especies desaparecieron completamente de la superficie de la tierra porque no pudieron sobrevivir al cambio de las condiciones climáticas. Si el hombre no tiene cuidado, cuando su egoísmo alcance su apogeo también él sucumbirá a la misma suerte.

La protección y preservación de la Naturaleza son sólo posibles a través del amor y de la compasión. Pero estas dos cualidades están disminuyendo rápidamente en el ser humano. Para poder sentir un verdadero amor y compasión, es necesario tomar conciencia de la unidad de la fuerza vital que es el substrato que sostiene el universo entero. Esta realización sólo puede alcanzarse por medio de un profundo estudio de la religión y por la observancia de los principios espirituales.

Nuestros antepasados aprendían a honrar a las serpientes como un *devata* (semi-dioses). ¿Qué pasa hoy?. Si vemos una serpiente la lapidamos hasta matarla. Cortamos los árboles alrededor de los templos y en otros lugares por el interés del dinero. Si una vaca no da suficiente leche no dudamos en venderla al carnicero. Cuanto más egoísta se vuelve un ser humano menos le importa el sufrimiento de los demás. Hoy en día, ¿quién se preocupa si las vacas han sido alimentadas, o si las plantas han sido regadas? ¿Quién se preocupa por saber si el vecino se muere de hambre?

Antiguamente las gentes se reunían a la hora del crepúsculo para cantar los nombres de Dios. La paz y la unidad de la familia eran así mantenidas. La atmósfera era purificada por medio de las oraciones recitadas con concentración, por la belleza de los cantos devocionales, por las emanaciones de las lámparas de aceite, y por el viento portador del perfume de las plantas medicinales. Nuestros antepasados encontraban el tiempo necesario para poder sentarse y venerar a Dios con tranquilidad, aún cuando estuviesen muy ocupados con su trabajo. Gracias a ello podían evitar las tensiones mentales, dormían un sueño reparador, y eran capaces de hacer frente a cualquier situación de la vida con una sonrisa en los labios.

Hoy en día, en el mejor de los casos tenemos una foto de una divinidad delante de la cual encendemos una lámpara. Pero desde la mañana hasta la noche los miembros de la familia están viendo la televisión. No todos los programas son malos, pero la mayoría polucionan nuestra mente y contribuyen a fomentar en nosotros la avidez, la envidia y el odio. Las personas quieren vivir en una casa como la que han visto en la película, las mujeres quieren los mismos saris que los que luce la heroína y los hombres quieren conducir los mismos coches que los protagonistas. Si no lo consiguen se sienten frustrados. La gente olvida que la película no es más que un mundo imaginario. Después de haberlo visto en la televisión, el niño empieza a robar, a veces incluso a matar, y pierden todo respeto por las personas mayores. Pero aquellos que en otros tiempos vivían según los principios religiosos no se comportaban así. La primera cosa que aprendían era que su padre y su madre eran Dios. Pertenecían a una cultura en la que los padres y los ancianos eran respetados y obedecidos. Tomando ejemplo de sus mayores, los niños aprendían a amar la Naturaleza y a vivir en armonía con ella. De forma natural adquirían el hábito de regar el jazmín, de dar hierba a las vacas y de encender la lámpara de aceite a la caída del día.

Aquellos que se califican de intelectuales toman a burla la religión, tratándola como si fuera una simple creencia ciega. Si reflexionamos de forma razonable comprenderemos sin dificultad que cada principio religioso es beneficioso, tanto para la humanidad como para la Naturaleza. Los ancianos tenían la costumbre de asustar a los niños diciéndoles: "¡Si mientes, te volverás ciego!" Si eso fuese cierto, ¡hoy en nuestro mundo no habría ni una sola persona que pudiese ver! Pero esa pequeña mentira enseñaba a los niños a no mentir. Del mismo modo ponemos en la pared un letrero que dice: "Prohibido pegar carteles", y así evitamos que la pared quede cubierta con diferentes carteles. Una vez que los niños han crecido, aún cuando descubran que la amenaza no era cierta, la costumbre de decir la verdad estará ya firmemente asentada en ellos.

Si vivimos según los principios religiosos, nuestro temor de Dios se transformará en amor divino. Podremos amar a todos los seres como a manifestaciones de Dios. En otro tiempo, un gran número de personas, que formaban una sola familia, vivían bajo un solo techo. Eran felices y se amaban mutuamente. Hoy, si tan solo tres personas viven juntas, ya se pelean. No hay verdadera simpatía y comprensión entre ellas. Las lágrimas nos vienen a los ojos cuando recordamos la paz y la unidad que había antiguamente en las familias. Ahora solo podemos soñar con ello. Ese tipo de sociedad era posible en el pasado porque la gente daba la principal importancia a la religión, tanto en su vida individual como en el seno de la comunidad. La religión nos pide que abandonemos la noción de dualidad. La religión une la naturaleza interior del hombre con la Naturaleza exterior del mundo.

¿Qué relación hay entre las prácticas espirituales y la protección de la Naturaleza?

Amma: Todo está impregnado por la Conciencia. Esta Conciencia es lo que sustenta al mundo y a todas las criaturas que hay en él. Adorar a todas las cosas, viendo a Dios en todo, es lo que la religión nos enseña. Tal actitud nos lleva a amar a la Naturaleza. Nadie quiere perjudicar conscientemente a su propio cuerpo porque sabe que eso es doloroso. De forma semejante, cuando nos damos cuenta que todo está impregnado por una misma y única Conciencia, sentimos el dolor de los otros como si fuera propio. Entonces la compasión aparece, y deseamos sinceramente ayudar y proteger a todos y a todas las cosas. En este estado no deseamos ni siquiera arrancar una hoja sin necesidad. Arrancaremos una flor sólo el último día de su existencia cuando está ya a punto de caer de la planta. Consideramos que no es bueno para la planta ni para la Naturaleza el arrancar una flor en su primer día solamente por nuestra avidez.

Todo lo que nos proporciona la Naturaleza, que es la verdadera fuente de las flores y las plantas, debe regresar a ella amorosamente. Este es el simbolismo de ofrecer flores a Dios. Esto ayuda también a aumentar nuestra devoción a Dios. Un ofrecimiento realizado con concentración ayuda a que los pensamientos disminuyan, lo cual a su vez limpiará y purificará nuestra mente.

No hace muchos años, (en la India), en el jardín o en los alrededores de cada hogar solía haber un bosquecillo con un pequeño templo. En el bosquecillo había árboles medicinales como el baniano, la higuera y el bilva. La capilla y el bosquecillo eran el lugar común de adoración para toda la familia. Al atardecer la familia solía recogerse en la capilla para cantar los Nombres de Dios y ofrecer sus oraciones frente a una lámpara de aceite. Recientemente, la ciencia ha descubierto que la música favorece el crecimiento de las plantas y los árboles. Además de la bienaventuranza que aporta a todas las criaturas, el cantar cantos devocionales, cuando se hace con amor, purifica y trae paz a nuestras mentes. El viento que se filtra entre las hojas de las plantas y los árboles medicinales es también benéfico para nuestra salud. El humo que desprenden, tanto las lámparas de aceite como las velas de cera de abeja, limpia de gérmenes la atmósfera. Pero, sobre todo, las oraciones hechas con concentración restauran la armonía perdida de la Naturaleza.

Si una persona ordinaria puede compararse a una lámpara eléctrica, un verdadero *sâdhak* (aspirante espiritual) podría ser comparado con un transformador. Habiendo conseguido que su mente esté en calma, y conservando su energía interna, que de otra forma se habría disipado en la búsqueda desmesurada de los placeres, el *sâdhak* hace que se despierte la fuente infinita de poder dentro de sí mismo. Al no sentir atracción ni repulsión por nada, incluso su respiración se hace beneficiosa para la Naturaleza. Igual que el agua se purifica por medio de un filtro, el *prâna* (la fuerza vital) del *tapasvi* (asceta) es como un filtro que purifica la Naturaleza. Para la elaboración de ciertos remedios, los médicos ayurvédicos suelen usar una determinada piedra natural con la cual purifican el aceite que ha sido hervido con hierbas medicinales. De forma similar, la energía vital pura del tapasvi puede purificar la Naturaleza corrigiendo los desequilibrios creados por el hombre.

Observando la Naturaleza y su forma tan generosa de dar, podemos hacernos conscientes de nuestras propias limitaciones. Ello nos ayudará a desarrollar la devoción y la entrega a Dios. De esta forma la Naturaleza nos ayuda a estar más cerca de Dios y a adorarle de verdad. En realidad la Naturaleza no es sino la forma visible de Dios que podemos contemplar y experimentar a través de nuestros sentidos. Verdaderamente, amando y sirviendo a la Naturaleza estamos adorando a Dios mismo.

Del mismo modo que la Naturaleza crea las circunstancias favorables para que un coco se convierta en un cocotero y para que una semilla se transforme en un magnífico árbol frutal, así también la Naturaleza crea las circunstancias favorables a través de las cuales el alma individual puede alcanzar el Ser Supremo y sumergirse en la eterna unión con Él.

Un buscador sincero de la Verdad, o un verdadero creyente, es incapaz de herir a la Naturaleza porque la ve como al mismo Dios. Ni tampoco experimenta la Naturaleza como algo separado de si mismo. Realmente, él es el verdadero amante de la Naturaleza.

Amma quisiera insistir en que un verdadero científico debe ser un verdadero amante: un amante de la humanidad, un amante de toda la creación, y un amante de la vida.

¿Cuán de serio es el problema ambiental?

Amma: Antiguamente, cada cosa tenía su tiempo adecuado. Se hacía la siembra en un mes o estación determinada y en otro mes particular se recogía la cosecha. Al no existir pozos muy profundos (pozos de tubo), los agricultores dependían únicamente del agua y del sol que la Naturaleza les brindaba graciosamente. La gente vivía en armonía con la Naturaleza y ellos nunca intentaban manipularla. Por eso la Naturaleza era siempre generosa con el hombre, era su amiga. Ellos confiaban completamente en que llovería si las semillas se plantaban en un determinado momento del mes. Sabían también el momento exacto en el que la cosecha estaría lista para ser recolectada. Todo fluía suavemente. La Naturaleza enviaba sin falta la lluvia y el sol en el momento adecuado. La cosecha no se perdía nunca por falta o por exceso de lluvia, ni por falta o exceso de sol. Todo estaba equilibrado. Los seres humanos no pretendían nunca obrar contra las leyes de la Naturaleza. Entre las personas había mutua comprensión, fe, amor y cooperación. Amaban y adoraban a la Naturaleza, y ella a su vez los bendecía con abundancia de riquezas naturales. Una tal actitud por si sola puede elevar a una sociedad en su totalidad. Pero las cosas han cambiado.

Los inventos científicos son muy beneficiosos, pero no deben ir en contra de la Naturaleza. Los continuos abusos de los seres humanos han terminado con la paciencia de la Naturaleza la cual ha empezado a tomarse la revancha. Las catástrofes naturales han aumentado muchísimo. La Naturaleza ha comenzado su danza de disolución final. Ha perdido su equilibrio debido a las acciones incorrectas que los hombres han realizado contra ella. Esta es la razón principal por la cual los hombres están sufriendo tanto en la era actual.

El científico que es imaginativo y hace experimentos, sin duda tiene amor en su interior. Pero ese amor se limita a un campo muy pequeño, dirigido solamente al área científica en la que él trabaja; no abarca a toda la creación. Está más o menos ligado con el laboratorio al que pertenece, o con el equipo científico que utiliza. No piensa en la vida real. Tiene más interés en averiguar si hay vida o no en la Luna o en Marte. O quizás está más interesado en inventar nuevos armamentos nucleares.

El científico puede argumentar que está intentando descubrir la verdad del mundo empírico a través de un estudio analítico. Disecciona las cosas a fin de averiguar como funcionan,

Si se le da un gatito, le interesa más emplearlo como objeto de experimentación, que amarlo como animal doméstico. Estudiará el ritmo de su respiración, su pulso y su presión sanguínea. En nombre de la ciencia y de la búsqueda de la verdad, lo diseccionará y estudiará sus órganos. Una vez abierto, el animal está ya muerto. La vida desaparece y con ella la posibilidad de amarlo. Solo si hay vida hay amor. En su búsqueda por la verdad de la vida, el científico de un modo inconsciente destruye la vida misma. ¡Sorprendente!

Un *rishi* es un verdadero amante porque ha profundizado en su propio Ser, que es el verdadero centro de la vida y el amor. Él experimenta la vida y el amor en todas partes,—arriba, abajo, delante, detrás, en todas las direcciones. Incluso en el infierno, incluso en los mundos inferiores, no ve nada más que vida y amor. Para él sólo hay vida y amor resplandeciendo gloriosamente en todas partes. Por eso la Madre afirma que el *rishi* es un "verdadero científico". Él experimenta en el laboratorio interno de su propio ser. Nunca hace divisiones en la vida. Para él la vida es una sola totalidad y él se encuentra permanentemente en ese estado indivisible de vida y amor.

El verdadero científico, el sabio, abraza amorosamente la vida y se hace uno con ella. Nunca lucha contra la vida. Mientras que el científico lucha por conquistar y dominar la vida, el sabio simplemente se entrega a ella y deja que sea ella la que le conduzca hacia donde debe ir.

El hombre se ha vuelto contra la Naturaleza. No se preocupa por ella. Está más interesado en explorar y experimentar, incluso aunque tenga que traspasar todos los límites razonables. No se da cuenta que con esta actitud está preparando su propia destrucción. Es como el hombre, que echado sobre su espalda escupe hacia arriba. El esputo caerá sobre su propia cara.

Hoy, además de expoliar la Naturaleza, el hombre la poluciona. Hubo un tiempo en el que el excremento de vaca se usaba en la India como desinfectante cuando se vacunaba a los niños. Pero ahora el excremento infectaría la herida y la persona podría morir. La substancia que antes se utilizaba como remedio, ahora se ha convertido en algo que causaría una infección.

Porque son muchos los venenos que ingieren las vacas a través de la hierba y los piensos debido a los insecticidas.

Ahora no llueve cuando se supone que debería llover. Si llueve, es poco o demasiado, y la lluvia llega o demasiado pronto o demasiado tarde, y lo mismo ocurre con el sol. Los hombres sólo piensan en explotar la Naturaleza. Por esta razón hay inundaciones, sequías, terremotos y todo se va destruyendo.

Hay un tremendo deterioro en la calidad de la vida. Mucha gente ha perdido la fe y no hay amor ni compasión. El espíritu de equipo, que antes llevaba a trabajar todos juntos hombro contra hombro por el bien común, se ha perdido. Todo ello tiene un efecto nocivo para la Naturaleza, y ella retirará todas sus bendiciones volviéndose contra el hombre. Si el hombre continúa así, la reacción de la Naturaleza será inimaginable.

Hay una historia sobre una pareja que tenía una tienda de licores. El marido decía siempre a su mujer: "Pídele a Dios que nos mande más clientes", y la esposa obedecía sinceramente a su marido. Un día uno de los clientes se dio cuenta de que la mujer estaba rezando y le dijo: "Por favor, pide también por mí, para que tenga más trabajo". "¿Cuál es tu trabajo?", le preguntó ella. "Hago ataúdes", le dijo el hombre.

Este es el estado actual del mundo. Se ha convertido en un lugar en el que cada cual sólo se interesa por sus propios asuntos.

¿Se han convertido los seres humanos en una amenaza a la existencia misma de vida sobre la Tierra?

Amma: Si la Naturaleza protege y sirve a los seres humanos, es desde luego responsabilidad del hombre devolver esa protección y ese servicio a la Naturaleza. La ciencia moderna dice que las plantas pueden responder de una forma imperceptible a los pensamientos y las acciones de los seres humanos. Han descubierto que las plantas tiemblan de miedo cuando nos acercamos a ellas con la intención de arrancarles las hojas. Pero hace muchísimos años los santos y sabios de la

India ya habían comprendido esta gran verdad y vivían una vida de absoluta no-violencia.

En las Escrituras Hindúes hay una historia llamada Sakunthalam que explica este punto. Una vez un sabio encontró a una niña abandonada en el bosque. La llevó a su ermita y la cuidó como a sí mismo. Cuando creció la niña, el sabio le encargó que cuidase de las plantas y animales domésticos de la ermita. Ella los amaba más que a su propia vida. Un día estando el sabio ausente, el rey del país, que cabalgaba por el bosque en una expedición de cacería, vio a la hermosa muchacha. Se enamoró y quiso casarse con ella. Cuando el sabio regresó y supo lo ocurrido, accedió gustosamente a los deseos del rey. Tras la ceremonia de la boda, cuando la joven iba a dejar la ermita para marcharse al palacio del rey, el jazmín que ella había cuidado con tanto amor inclinó sus ramas y con ellas rodeó suavemente sus tobillos. Los animales lloraron cuando ella se fue. Esta historia ilustra como las plantas y toda la Naturaleza responde a nuestro amor si realmente nos ocupamos de ella. Pero el ser humano, cuando se convierte en un ser egoísta, ni siquiera sabe qué es el amor.

Si observamos la Naturaleza, veremos los inmensos sacrificios que ella hace por nosotros. Ninguna criatura de la Naturaleza hace nada para si misma. Todo está orientado hacia el bien del ser humano. ¡Cuán cruel debe de ser el corazón de aquel que hiere a la Naturaleza, mientras ella sirve al hombre de un modo tan generoso sin esperar ninguna recompensa! ¿Ofrecemos nosotros a cambio, aunque sea una mínima parte del sacrificio que ella hace por nosotros? Observad las escenas de la Naturaleza. ¡Cuantas lecciones podemos recibir de cada una de ellas! Si aprendiésemos de la Naturaleza, esto sería suficiente para llenar nuestras vidas de felicidad. Tomemos por ejemplo un río. El se desliza desde las cimas del Himalaya derramando sus dones por todas partes, hasta desembocar finalmente en el mar. Del mismo modo nuestro sentido de la individualidad debe fundirse finalmente en el Ser Universal. Para ello deberíamos tener la misma actitud que el río. No importa quien se bañe o beba sus aguas, el río no se preocupa de saber si se trata de un hombre o de una mujer. No tiene en cuenta las diferencias de casta, religión o idioma. No discrimina entre un leproso o un hombre sano, un pobre o un rico. La naturaleza del río es la de acariciar a todo el que se le acerca y recibir su suciedad. El río queda impasible lo mismo ante aquel que le insulta como ante aquel que escribe un poema cantando sus alabanzas. Uno bebe, otro se lava, otro hace sus abluciones. El río permanece siempre igual. Cuando este *bhâva* (actitud) del río impregna a una persona y se trasluce en sus palabras, su mirada y sus acciones, a eso se le llama compasión. Esa debería ser nuestra actitud.

Si se corta un árbol, en su lugar deberían ser plantados diez nuevos brotes. ¿Por qué? Porque esto es comparable a sacar una viga de madera de una construcción y reemplazarla con cerillas. La pureza de la atmósfera y el ambiente fresco que proporciona un gran árbol, no pueden ser compensadas ni siquiera por un centenar de nuevos brotes. El agua de un cubo se purifica si echáis en él una cucharada de lejía. Pero echar una centésima parte no sirve de nada.

La destrucción de los árboles lleva a la destrucción de la especie humana. Muchas especies del pasado desaparecieron de la superficie del planeta al no poder sobrevivir a los cambios climáticos. Si hoy no prestamos atención a esto, esa misma puede ser nuestra suerte de mañana. También nosotros seremos incapaces de adaptarnos al clima. El resultado será la destrucción del hombre y otras muchas especies. El egoísmo del hombre ha alcanzado ya estas graves proporciones.

¿Es necesario dar más importancia a las necesidades humanas que a las de la Naturaleza?

Amma: La Naturaleza ofrece todas sus riquezas al ser humano. Así como ella se dedica a ayudarnos, nosotros deberíamos también ayudarla. Solo así puede ser preservada la armonía entre la Naturaleza y los seres humanos. Arrancar diez hojas cuando solo cinco son necesarias, es incorrecto. Supongamos que hacen falta dos patatas para cocinar un plato, si utilizáis tres patatas estáis obrando indiscriminadamente, estáis cometiendo una acción incorrecta (*adharma*).

El hecho de utilizar la Naturaleza para cubrir nuestras necesidades no puede considerarse como algo incorrecto. Pero su explotación es otra cosa. Eso hace que nuestra acción sea incorrecta. En primer lugar porque estamos destruyendo innecesariamente la vida de una planta, un animal o aquello que explotamos. En segundo lugar porque estamos impidiendo que alguien más lo utilice. Otra persona podría necesitarlo, tal vez nuestro vecino que no tiene nada que comer. Por eso, cuando explotamos la Naturaleza estamos explotando a los demás. Ciertamente

necesitamos una casa que nos proteja de la lluvia y del sol. Pero no debemos construir una casa para hacer ostentación de nuestra riqueza y de nuestro estilo de vida lujoso. No es incorrecto cortar los árboles que sean necesarios para la construcción de una casa. Una acción se vuelve incorrecta cuando la realizamos de un modo indiscriminado y sin atención. Gastar alegremente sin pensar en Dios—el Gran Dador—o sin pensar en aquellos que podrían beneficiarse del dinero malgastado, eso sí es incorrecto.

¿Cuales son los pasos que debe dar la sociedad para prevenir la destrucción de la Naturaleza y de los animales?

Amma: Ciertamente es ya tiempo de tomar enérgicas medidas para impedir que el hombre destruya la Naturaleza y los recursos que gentilmente nos otorga como recompensa por las buenas acciones que realizamos. La imposición de estrictas normas puede ser beneficioso, pero se necesita gente que esté preparada para obedecer y ejecutar esas normas. Hoy en día, aquellos que se suponen a observar dichas reglas son los primeros en romperlas. En cada pueblo deberían crearse asociaciones con el fin de despertar la conciencia de lo que significa proteger y preservar la Naturaleza. Una mera comprensión intelectual no es suficiente, se debe enseñar a la gente a funcionar desde el corazón. Los instructores y consejeros de estas asociaciones deben tener la habilidad de despertar en la gente el amor a la Naturaleza y el sentimiento de compasión por toda la Creación y sus criaturas. Los instructores deben ser ellos mismos personas muy competentes, que muevan a la gente a poner en práctica aquello que se les ha enseñando y solo así serán de utilidad. El soporte de la religión y de los principios espirituales ayudará en gran medida a alcanzar este fin.

Una causa importante de la polución de la atmósfera es el humo tóxico que emana de las grandes fábricas e industrias, el cual afecta al saludable crecimiento de los árboles y las plantas. Las toxinas que se producen en esos lugares perjudican también la salud de los hombres. Es necesario tomar las medidas necesarias para proteger los árboles y las plantas que crecen en los alrededores de las fábricas. De hecho, son esas plantas las que en gran medida limpian y purifican la atmósfera contaminada de esos lugares. Sin ellas la situación aún sería peor. La iniciativa de proteger el entorno natural debería partir de los mismos directivos y empleados de tales compañías e industrias.

Un gobierno solo no puede hacer nada sin la sincera y entusiasta colaboración de la gente. Para que esto suceda es preciso que el gobierno trabaje de acuerdo con la voluntad y los deseos de las personas que aman la naturaleza, los cuales a su vez necesitan el soporte de los líderes políticos y miembros del gobierno. Estos no deberían ser un grupo de personas motivadas solamente por el ansia del dinero y del poder. Su objetivo debe ser la elevación del país y de sus gentes. Muchísimas cosas se podrían realizar si son personas dotadas de un juicio y una visión generosa y universal.

¿Son los bosques una parte indispensable de la tierra?

Amma: Si, y de forma muy importante. La ciencia está ahora comprendiendo lo mucho que los bosques benefician a la Naturaleza. Los bosques son parte de la vida de este planeta, son indispensables. Ellos purifican y previenen el recalentamiento de la atmósfera, mantienen la humedad del suelo, protegen la vida salvaje, etc.

No es incorrecto cortar árboles y recoger plantas medicinales de los bosques para responder a las necesidades de la vida, pero no explotéis y destruyáis esos magníficos bosques. Actualmente explotamos la Naturaleza en nombre de su protección y preservación. La Naturaleza sabe muy bien como protegerse y cuidar de si misma. Las aves y los animales viven felices en el bosque. Solo el hombre es su mayor enemigo al destruir la Naturaleza, el hombre se convierte en su propio enemigo y no se da cuenta de que está cavando su propia fosa cuando golpea con su hacha el pie de un árbol.

¿Es recomendable acercarse a los maestros espirituales sin intentar resolver primero los problemas actuales por nosotros mismos?

Amma: Los expertos pueden ayudaros a resolver los problemas que tenéis en vuestra vida profesional. No hay duda acerca de eso. Pero únicamente el poder Divino puede hacer que algo suceda realmente. Para que algo suceda, hace falta la Gracia. El esfuerzo humano, que es producto del intelecto, puede ayudarnos hasta cierto punto, pero de ahí no puede pasar. Más allá de este límite se extiende el reino de la Gracia de Dios. El fruto de nuestras acciones no llegará realmente hasta que consigamos conectar con ese reino, que está más allá de las posibilidades humanas. La mejor forma de entrar en contacto con esa energía es buscando el consejo y las bendiciones de un auténtico maestro espiritual. Un *mahatma* (santo) es la fuente verdadera de ese Reino del más allá. Él o ella es una fuente inextinguible de poder, la verdadera encarnación del poder y la Gracia de Dios. Los expertos pueden ayudar pero no pueden bendecirte ni otorgarte la Gracia. Incluso la ayuda de un experto puede no conseguir el resultado deseado. Pero las palabras y bendiciones de un auténtico Maestro espiritual no fallarán nunca.

No mires atrás ni te lamentes. Mira hacia adelante y sonríe. Debemos actuar con fe inquebrantable y con la mayor atención, pero con un espíritu de desapego. Esto es lo que los Maestros espirituales nos enseñan. ¿De qué sirve lamentarnos si la planta que cuidábamos se secó? Planta otra, sin lamentarte por la que ya se ha perdido. Al lamentarse del pasado el hombre se hace mentalmente débil. Esto disipa todas sus energías.

La Mente de un Maestro no es como la nuestra que sólo persigue los placeres del mundo. Él es como un árbol que da sombra y dulces frutos incluso a aquellos que lo abaten. El sabio quema su vida en el servicio desinteresado. Como un bastón de incienso que ofrece su fragancia a los demás a costa de su existencia, él se siente inmensamente feliz sembrando amor y paz para todos en el mundo. Sólo una persona así puede dirigirnos a nosotros, que estamos llenos de egoísmo y de apego, a lo largo del camino correcto. Tales sabios no aparecen sólo para un individuo, un grupo, una creencia o una secta, están ahí para el mundo entero, para la raza humana entera.

¿Cómo se pueden justificar los sacrificios de animales en nombre de la religión?

Amma: Los sacrificios de animales y los sacrificios humanos fueron corrientes en épocas pasadas porque los principios religiosos no eran enseñados al gran público. Los libros religiosos no estaban disponibles para el pueblo. Los eruditos brahmanes tenían el monopolio de los textos sagrados, y dejaban abandonadas a las personas ordinarias las cuales veneraban a Dios a su manera. Cuando Amma fue a la isla de Reunión le dijeron que en la isla tenían su propio lenguaje. En el pasado los franceses hicieron venir a gentes de diversos países para que realizasen los trabajos agrícolas. Estas personas no conocían la lengua local y comenzaron a utilizar palabras que retenían de su conversación con personas de otros países, así nació una nueva lengua. De la misma forma, en otras épocas la gente del pueblo seguía a su manera las costumbres de las personas educadas, y sus sucesores se contentaron con imitarles.

Debemos ofrecer a Dios lo que más apreciamos. ¿Cómo recibimos a un amigo después de una larga ausencia? Sin duda preparamos nuestros mejores platos. Si actuamos así con un amigo, ¿va a ser diferente con el Dios del amor? Aquel a quien le gusta el pudín podrá ofrecérselo a Dios, pero aquél que no ha oído hablar de él, ni siquiera se le ocurrirá.

Los cazadores eran muy aficionados a la carne de las aves y de los animales, por eso ofrecían una parte de ella a Dios. Los que les sucedieron y no eran cazadores, les imitaron sin comprender. Los eruditos no explicaban a la gente los principios religiosos. Lo que la religión nos pide en realidad es que ofrezcamos nuestra mente a Dios. Pero nosotros no podemos dársela exteriormente. Por lo tanto ofrecemos las cosas a las que estamos apegados como símbolo de la entrega de nuestra mente. Este es el principio que justifica la ofrenda de bienes en el curso de los sacrificios. Los ofrecemos porque la mente humana en general está muy apegada al dinero.

Cada cual venera a Dios según sus propios valores. Para los *rishis*, la Madre Divina era la encarnación de la pureza. Aquellos para los cuales su objetivo era conseguir riqueza, la veneraban como a Lakshmî. Los eruditos y los estudiantes le rendían homenaje en tanto que Sarásvatî, la diosa del saber. Para los guerreros y los habitantes de los bosques, Ella era Kâli que blandía la espada y el tridente. Sin embargo, todas esas formas son una, la sola y única *Shakti*. Cada persona da a Dios la forma que coincide con sus propias tendencias. Pero el Todo Poderoso puede tomar cualquier forma. No es justo pues culpar a Dios o a la religión. Si las personas siguen costumbres o ritos perjudiciales, debemos explicarles los verdaderos principios religiosos. Debemos procurar que no cometan errores. Si un charlatán prescribe a un paciente un medicamento equivocado y este se muere, ¿debemos deducir por eso que todos los médicos son unos charlatanes? Si en la sociedad existen costumbres y tradiciones deformadas o erróneas, no podemos condenar por ello los principios religiosos en sí mismos. Ello equivaldría a tirar al bebé junto con el agua del baño.

¿No es preferible la ciencia moderna, que aporta luz sobre los fenómenos naturales, a una religión que provoca en el hombre el temor a Dios?

Amma: La religión nos revela la verdad de la Naturaleza. Lo que no se encuentra en la religión tampoco se encuentra en la ciencia. Así como la leche nos da mantequilla, crema y otros muchos productos, así también podemos obtenerlo todo de la religión. La religión nos ordena proteger a la Naturaleza. Nos enseña a amar y a servir a todas las cosas, ya que son formas de Dios. Esta es la razón por la que eran venerados los árboles, las montañas, los ríos, las vacas, el sol, la luna, el aire, etc...

El temor de Dios no es para provocar el miedo en el hombre. Su finalidad es despertar en el hombre la atención y el cuidado. El *shraddhâ* (la fe y la atención) son necesarios para que una acción de sus frutos. La paciencia no puede existir a no ser que el *shraddhâ* esté presente. Solo los actos llevados a cabo con *shraddhâ* son actos realmente benéficos. El temor de Dios aviva el *shraddhâ* en el hombre.

El temor de Dios en su verdadero sentido es una mezcla de dos *bhâva* (actitudes): el respeto hacia el maestro y el amor hacia la madre. Tal es la actitud que se debe tener hacia *Paramâtman* (Dios). Esto no es un simple miedo, sino un temor que estimula en nosotros la discriminación.

La religión nos explica que si cometemos una mala acción tendremos que sufrir sus consecuencias. Esta afirmación ayuda a despertar en nosotros la discriminación. La religión no nos habla de un Dios que está sentado en un trono, en algún lugar del cielo, y que viniendo con un sable nos va a cortar la mano. Dios reside en el interior de cada ser. Proteger y respetar a todos los seres de la Naturaleza, esa es la verdadera adoración de Dios.

La religión nos dice: "Hay un diamante dentro de cada uno de vosotros. Pero como está inmerso en el aceite de *ajñâna* (ignorancia) no puede brillar. Tratar de devolverle su esplendor. Observad dentro de vosotros mismos, comprended qué es lo que sois. Despojándoos del ego despertad la sabiduría que está dentro de vosotros. Llegad a ser conscientes de vuestro *dharma*. No sois un simple ser humano de cinco o seis pies de alto. Vosotros sois el Principio infinito, eterno e inmutable. Tomad conciencia de esta verdad y vivid en ella. No seáis como el ratón que huye del gato. Sed como el león, el rey de los animales". La religión es el mantra del poder y de la fuerza. La religión no tiene otra finalidad más que la eliminación del ego.

El temor de Dios nos ayuda a superar nuestras debilidades. Si un manjar se encuentra al alcance de un enfermo, aunque le hayan prohibido se lo comerá. Tal es la fuerza de nuestras inclinaciones. Llevados por el gusto de la lengua hacemos caso omiso de las consecuencias e incluso de la muerte. A tal punto somos esclavos de nuestros impulsos innatos. El temor de Dios nos ayuda a desarrollar nuestra fuerza mental. Cuando nuestras tendencias nos empujan a apartarnos del camino del *dharma*, el temor de Dios nos devuelve al camino correcto. El pensamiento de que "Dios me castigará si hago algo malo", instala en nosotros el *shraddhâ*. Esto nos purifica. El castigo de Dios no es más que una bendición disfrazada. Cuando una madre castiga a su hijo por su desobediencia no lo hace por falta de amor. El pequeño castigo que sufre el niño le salvará en el futuro de grandes calamidades. El miedo habrá contribuido a su éxito y bienestar.

El *bhaya bhakti*, el temor unido a la devoción, hacia Dios es comparable a eso. Es un respeto mezclado con temor, y unido a la devoción y adoración. El *bhaya bhakti* incita al hombre a obrar con vigilancia y discriminación. Dios derrama su Gracia sobre el hombre, y la religión nos aconseja que utilicemos al máximo esta Gracia Divina. La religión nos ayuda a realizar nuestros actos de acuerdo con el *dharma* (la acción justa), en lugar de dejarnos arrastrar por nuestros *vâsanâs* (tendencias o impulsos). Algunos dicen que no debemos reprimir nuestros *vâsanâs*, sino obrar de acuerdo con ellos. Pero si el *vâsanâ* de un hombre es matar, ¿cuál será el resultado si él da rienda libre y mata a su vecino? Es necesario dominar los *vâsanâs* y canalizarlos en la dirección correcta. Esto sólo puede conseguirse gracias al temor de un Poder omnipotente, Dios. Es precisamente el *bhaya bhakti* que nos conduce finalmente a un estado en donde el miedo está totalmente ausente. Su influencia poderosa nos eleva y nos enseña el dominio de nosotros mismos de un modo mucho más fuerte y profundo que la mera comprensión intelectual de las consecuencias indeseables de una determinada acción.

En nuestros días, a pesar de la importancia que da la ciencia a la protección y preservación de la Naturaleza, con frecuencia esto no se traduce en actos. Por el contrario la gente sigue arrasando despiadadamente los grandes bosques naturales y los reemplaza por árboles destinados a la industria con objeto de sacar un beneficio económico. Asimismo, todo el mundo sabe que los paquetes de cigarrillos traen el aviso de que: "El consumo de tabaco es perjudicial para la salud". Sin embargo, ¿quién lo tiene en cuenta? La ciencia ha demostrado que un fumador es más nocivo para su entorno que para él mismo. Ahora bien, entre la simple comprensión intelectual y el bhaya bhakti, ¿cuál es más beneficioso para la Naturaleza? Sin ninguna duda el segundo. La comprensión intelectual no es inútil, pero debe ir acompañada de la actitud práctica correspondiente. Las gentes de hoy en día poseen *buddhi* (inteligencia), pero les falta *viveka buddhi* (la inteligencia que va unida a la discriminación). Por esta razón es necesario el *bhaya bhakti*. El conocimiento no se debe limitar solamente al intelecto, debe llenar también el corazón y ser puesto en práctica. Esta es la finalidad de la religión.

La religión es la lámpara que ilumina nuestro camino. Nos enseña a amar la Naturaleza y a vivir en armonía con ella considerándola como parte de Dios. Incita al hombre a tomar conciencia con humildad de su pertenencia a la Naturaleza, y le inspira la fuerza necesaria para transcender la Naturaleza y realizar su unión con el Principio Supremo.

Cuando el ser humano toma conciencia de sus obligaciones a la Naturaleza, el ego se desvanece. Viéndose como parte integrante de la misma, el hombre se hace consciente de que todos las cosas no son más que un único *âtman*. En realidad, la religión no es otra cosa que sentirse lleno de solicitud y veneración hacia la Naturaleza. Tan sólo esta actitud hará posible nuestra supervivencia.

Amma, ¿qué son los yagñas (sacrificios)? ¿Cuál es su papel en el mundo actual?

Amma: El principio que está detrás de "yagña" es el procurar que las personas de todos los países y de todos los tiempos puedan vivir en el amor mutuo y la cooperación de acuerdo con las leyes de la Naturaleza. El concepto de yagña proviene de la idea de que el ser humano debe devolver a la Naturaleza al menos una parte de lo que él ha recibido de la ella. Los cinco sacrificios son las cinco prácticas que las Escrituras de la India recomiendan observar a todo hombre de familia en su vida cotidiana. Son los siguientes:

* *Rishi yagña* o adoración de los sabios. Los antiguos sabios después de haber realizado a Dios no quisieron dejar que sus extraordinarias experiencias cayesen en el olvido. Por compasión

y amor a la humanidad las transmitieron a través de las Escrituras y de otros textos sagrados. El estudio de los mismos hecho con devoción, su puesta en práctica y su propagación constituyen este sacrificio.

* *Deva yagña* es la adoración a Dios en tanto que poder supremo. Debe ser cumplido con fervor y según las mejores capacidades del devoto.

* *Pitru yagña* consiste en servir y respetar a los padres y a los ancianos, así como también el cumplir con determinados rituales, manteniendo pensamientos elevados y positivos, para el bienestar de los antepasados difuntos.

* *Nara yagña* es el servicio hecho a al humanidad. Comprende todas las formas de servicio desinteresado, como alimentar a los pobres, cuidar de los enfermos y de los ancianos.

* *Bhuta yagña*, o el servicio a todas las criaturas vivientes como a encarnaciones del Ser universal. Es el último sacrificio, y se cumple alimentando y respetando a los seres del mundo animal y vegetal.

El objetivo del *rishi yagña* es enseñar a las gentes a vivir en el mundo, con una correcta comprensión de la naturaleza del mismo, de forma que no se derrumben ante los trabajos y pruebas de la vida. Aquél que ha aprendido la agricultura sabrá cuidar los cultivos. Conocerá las precauciones que hay que tener para prevenir las enfermedades de las plantas. Verá qué tipo de suelo es el mejor para cada cultivo y cuales son los abonos y fertilizantes a utilizar y en qué momento. Por el contrario, si alguien se lanza a la agricultura desconociendo todos estos factores, se arriesga a que la cosecha sea un desastre. De la misma forma el estudio de los textos y de los libros sagrados es una ayuda para la comprensión de los caminos del mundo. Si un petardo explota de repente cerca de nosotros, el ruido hará que nos sobresaltemos de susto. Pero si sabemos de antemano que el petardo va a explotar, el efecto será mucho menor. Alguien que no sepa nadar deberá luchar para no ahogarse si es arrastrado por las olas del mar, mientras que jugar en esas mismas olas será un placer para un nadador experimentado.

El provecho que se saca del estudio de las Escrituras es semejante. Ellas nos enseñan cómo llevar una vida equilibrada y gozosa en el mundo. Las Escrituras contienen los principios de una vida justa tal como han sido expuestos por los *rishis*, los grandes sabios que alcanzaron la extinción de los deseos. Tenemos hacia ellos una deuda inconmensurable por la transmisión de este conocimiento supremo. Y pagamos esa deuda cuando estudiamos las Escrituras, las ponemos en práctica en nuestras vidas, y transmitimos la sabiduría que hemos obtenido a través de las mismas. Lo más importante no es el estudio de las Escrituras, sino la puesta en práctica de sus enseñanzas. El estudio sin la práctica es un esfuerzo tan inútil como intentar saciar nuestro apetito leyendo las páginas de un libro de cocina.

El *Devayagña* nos enseña a traducir a nuestra vida diaria las verdades espirituales enseñadas por los *rishis*. *Devayagña* comprende las *pujas* (rituales religiosos), *japa* (la recitación de los nombres de Dios), *dhyâna* (la meditación) y *vratanushtanangal* (las austeridades). Su finalidad es alcanzar la concentración mental, la agudeza de la inteligencia y la purificación de nuestro ser.

Diálogos con Amma

El *Mantra japa* nos ayuda a evitar la intrusión de pensamientos inútiles en nuestra mente. Por medio de *dhyâna* la inteligencia se hace más clara y sutil, y la mente, habiendo puesto fin a sus proyecciones, se vuelve más tranquila y apacible. *Pûja* y *homa* (oblaciones en el fuego sagrado), son muy beneficiosos si se practican con el conocimiento de los principios espirituales en que se inspiran. Cuando hacemos ofrendas en el fuego sagrado de homa, debemos imaginar que quemamos en ese fuego nuestros apegos a las cosas que nos gustan. Al encender la varita de incienso, debemos pensar igualmente que nuestra vida se consume para el mundo

derramando su perfume por todas partes. Cuando el alcanfor es encendido en el ârati, debemos visualizar que nuestro ego se disuelve en el fuego del conocimiento sin dejar rastro alguno. La recitación de los mantras y las emanaciones del homa ayudan al mismo tiempo a purificar la mente y la atmósfera. Cada objeto ritual, habiendo sido santificado como *devatarupa* (manifestación de lo divino), puede transmitir *shraddhâ* (fe y atención) y *bhakti* (devoción) cuando es utilizado por el devoto. Las personas unen las manos y se inclinan delante de una lámpara encendida porque han heredado la creencia de que allí está Dios presente.

Igualmente, el ayuno y otras austeridades son también muy útiles para mantener el control de sí mismo y la buena salud. La mayor parte de las austeridades se relacionan con la luna llena y con la luna nueva. La ciencia ha reconocido que el crecimiento y decrecimiento de la luna afectan al psiquismo humano. En los días de luna llena y luna nueva las perturbaciones mentales se agravan. La cólera, las emociones y los pensamientos se exacerban. Si durante esos períodos se logra controlar la mente con la ayuda de la oración y otros medios, y la alimentación se limita a solo frutas, entonces la agitación de la mente quedará apaciguada. Asimismo la duración de la vida y la salud mejorarán. Cuando una sociedad entera practica austeridades, las vibraciones positivas se propagan a la Naturaleza. La lluvia y el calor serán los suficientes en el momento adecuado. Esta es la verdad que nos transmite aquel refrán que dice: los dioses, satisfechos con los sacrificios de los hombres, bendecirán al país y a sus gentes con la lluvia oportuna.

Pitruyagñas (ritos para dar paz a los espíritus de los antepasados) no significan tan solo los ritos de las ofrendas. El verdadero *pitruyagña* es la expresión de nuestro respeto y amor hacia nuestros padres y ancianos al mismo tiempo que les servimos. Si a las personas ancianas, débiles y dependientes, no se les da los cuidados apropiados con una atención cariñosa, sus maldiciones quedarán en la atmósfera. Los lamentos desesperados del trasfondo de sus almas, que quedaron grabados en la Naturaleza, regresarán ciertamente algún día sobre nosotros. Se dice que una persona que cuida de sus padres y les sirve con sinceridad no tiene necesidad de otras prácticas devocionales hacia Dios.

Nuestra cultura nos inculca que debemos respetar a los huéspedes como a Dios mismo. Nuestro amor por los miembros de la familia nace del apego. Pero esto no nos ayudará a ensanchar nuestro espíritu. Sin embargo, *atithi pûjâ* (recibir al invitado con respeto y servirlo) sólo se hace por amor puro y desinteresado. Así esto nos hará capaces de amar al mundo entero como a una sola familia.

Bhuta yagña nos lleva a tomar conciencia de la unidad de toda vida. Venerar a la Naturaleza y a los fenómenos naturales era parte integrante de la vida. Se atribuía a la fauna y a la flora el status de dioses y vehículos divinos. La gente estaba siempre deseosa de honrar a la Naturaleza en señal de gratitud por su generosa prodigalidad. Antiguamente los miembros de la familia nunca tomaban la comida si antes no habían alimentado al ganado, y regado el basilic, el baniano y el bilva.

Cuando plantamos las flores que después serán utilizadas como una ofrenda, cuando las cuidamos, cuando vemos aparecer los primeros capullos y cuando las cogemos para formar una guirnalda, nuestro espíritu está siempre concentrado en Dios, no en las diversas acciones que ejecutamos. Si has decidido escribir una carta a un amigo, al tomar el papel y la pluma eres consciente de que vas a escribir a tu amigo. Aún cuando el papel y la pluma son objetos distintos, a través de ellos percibes una unidad: tu amigo. De la misma forma debéis percibir a Dios en cada acción, y realizarla con la conciencia de que ella es una ofrenda dirigida a Dios. De esta forma, a través de las distintas acciones y de los diversos objetos, percibiréis solamente la unidad *(advaita)*. Muchos imaginan que pueden enseñar *advaita*, pero nadie lo pone en práctica. Sin embargo, el verdadero *bhakta* (devoto) percibe la unidad de todos los seres gracias al *bhuta yagña*. Él vive la verdad del advaïta olvidándose de si mismo. A través de estos rituales y de estos sacrificios, los seres humanos aprenden a vivir en armonía con la sociedad y la Naturaleza.

La espiritualidad no es una actividad secundaria de la vida, es una dimensión esencial de nuestro ser. Y los ritos y rituales nos permiten expresarlo a un nivel consciente. Estas prácticas religiosas deberían llegar a ser parte de nuestra forma de vivir y de nuestra disciplina cotidiana, como el cepillarse los dientes o tomar una ducha. Si no tuviesen la posibilidad de impregnarse de estas verdades religiosas, la mayoría de las gentes vivirían como robots. Es desde luego posible vivir sin religión. Pero eso sería lo mismo que aplicar el maquillaje a un cadáver.

¿Porqué la India continúa siendo un país pobre, a pesar de su preeminencia espiritual? ¿Es la espiritualidad un obstáculo para el bienestar material?

Amma: ¿Quién dice que la India es un país pobre? La India puede parecer pobre según criterios materiales, pero según los del verdadero bienestar, la India no es pobre. En lo concerniente a la paz mental y al bienestar de su pueblo, la India es rica. Incluso en las situaciones de privación más extremas la tasa de criminalidad en nuestro país es más bien baja. El número de enfermos mentales es comparativamente mínimo. Igualmente el problema de la droga es relativamente pequeño. Esto es debido a que la India ha heredado una cultura espiritual viva. El bienestar y la paz reales del pueblo sólo son posibles gracias al despertar espiritual y a la educación espiritual.

La espiritualidad nos enseña a ganarnos la vida con nuestro propio esfuerzo y a dar en caridad lo que nos sobra después de cubrir nuestras necesidades fundamentales. Pero en el mundo actual la gente está buscando la ocasión de apoderarse del dinero de los demás para depositarlo en el banco. La adquisición de una fortuna es el objetivo al que dedican su vida entera. Sin embargo, aunque acumulen inmensas riquezas viven en la pobreza, porque su mente no está en paz. Reflexionemos quién es verdaderamente pobre: ¿el hombre que no tiene dinero, pero comparte su poca comida con su mujer y sus hijos con amor y alegría pudiendo después dormir apaciblemente; o el hombre que aun teniendo todas las seguridades, viviendo en habitaciones climatizadas, y saboreando exquisitas comidas, luego se revuelve inquieto en su cama incapaz de conciliar el sueño porque su mente está completamente absorbida por las preocupaciones del mundo? Indudablemente, el pobre es el segundo. Según este criterio, la India es ciertamente muy rica. Solo tenemos que cuidar de no perder esa riqueza.

De hecho, incluso desde el punto de vista material la India ha sido muy rica. Pero las personas se fueron haciendo cada vez más egoístas. "Yo quiero su fortuna", "Yo quiero sus posesiones", este tipo de deseos empezaron a desarrollarse. Esta es una actitud loca. La sed de poder y de fama es una verdadera locura. Ciegos por la envidia, el egoísmo y el espíritu de competición, las personas poco a poco olvidaron a Dios. Sintieron desprecio por el *dharma*, y empezaron a pelearse y a luchar entre si. La unidad se había roto. Ello afectó desfavorablemente a la defensa del país y como consecuencia la India se encontró bajo una dominación extranjera. Los invasores saquearon toda nuestra riqueza y la nación quedó reducida al estado de desierto.

Sabéis lo difícil que resulta cultivar un desierto. El país no puede volver a enderezarse más que por medio de intensos y continuados esfuerzos. Incluso hoy en día no son el poder y la riqueza físicos los que sostienen a esta nación, sino su poder espiritual y su riqueza espiritual.

Sin embargo, a pesar de los fracasos y experiencias dolorosas, la gente no ha aprendido todavía la lección. A la mayoría sólo le importan sus logros personales. La gente olvida que la verdadera riqueza, e incluso la prosperidad material, sólo se puede alcanzar por medio de la comprensión de los principios espirituales y por una educación espiritual. Si estamos dispuestos a utilizar y distribuir correctamente los recursos materiales existentes, entonces no habrá lugar para la pobreza en este país. Hay más que suficiente para satisfacer las necesidades legítimas de todos. Pero para esto las gentes deben abandonar el deseo egoísta de apropiarse de la parte de los demás.

Mientras en otros países hasta los terrenos baldíos son aprovechados para el cultivo, aquí convertimos los campos cultivables en terrenos de juego y en industrias. ¿Acaso puede uno calmar su hambre comiendo billetes de banco? Aún teniendo dinero, necesitamos comida para calmar el hambre. Cada país tiene su propia herencia. Y no puede progresar más que transmitiéndola a sus gentes por medio la educación y de un desarrollo que esté enraizado en esa herencia.

Por eso, los jóvenes que se han imbuido de los valores de nuestra cultura deben ir a los pueblos y dar a conocer a las gentes su herencia espiritual. Es necesario enseñarles a considerar a su país como su hogar. Los terrenos cultivables sólo deben ser utilizados para el cultivo. Han de construirse viviendas para los que no tienen hogar y dar comida a los indigentes. Paralelamente a estas actividades de servicio, los buenos *samskaras* (actitud mental) deben ser impartidos al pueblo. Si continuamos desatendiendo nuestros valores culturales sufriremos mucho en el futuro. Si la riqueza espiritual de nuestro país se pierde, las consecuencias serán desastrosas para toda la nación.

www.ingramcontent.com/pod-product-compliance
Lightning Source LLC
Chambersburg PA
CBHW070630050426
42450CB00011B/3155